# L'ART D'ÉCRIRE

SELON

# LES MEILLEURS MAÎTRES,

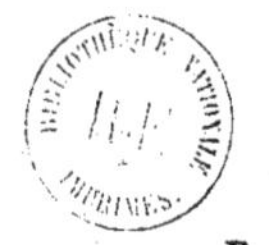

RÉDIGÉ

PAR UNE SOCIÉTÉ

# D'ARTISTES ÉCRIVAINS,

A L'USAGE

# DE LA JEUNESSE.

---

« Les artistes G . . . , R . . . , S . . . , B . . . et F . . . , vont
» lancer, dans le 19me siècle, des modèles qui passeront à la postérité ».
SAINTOMER, *scripsit*. ( *Voyez l'Abrégé de la Graphometrie*, *p.* 14).

---

A PARIS,

Chez Bonnevillé, marchand d'Estampes, rue Saint-Jacques, n° 195.

---

An IX. ( 1800 ).

# DISCOURS PRÉLIMINAIRE.

Les Editeurs de cet ouvrage, en offrant ce nouveau Cahier d'écriture au public, ont eu pour but de classer et de préciser les premiers élémens de cet Art, et d'apprendre, en peu de mots, aux Elèves, tout ce que les Auteurs les plus célèbres ont dit de meilleur sur ce sujet : ils avouent, avec franchise, qu'ils ont mis à contribution les meilleurs Maîtres ; mais qu'importe ? pourvu que le bien s'opère, leur but est rempli. Ils ont évité à leurs Lecteurs ces longues disgressions étrangères à l'exposition des principes, ces personnalités choquantes ; car, il faut le dire avec courage, il est des hommes à grand talent, qui, emportés par une passion haineuse, ont trempé leur plume dans le fiel pour servir leur amour propre, en critiquant des confrères estimables. Ce livre sera exempt de ce reproche. Destiné à la jeunesse la moins avancée en connoissances, il lui sera rendu intelligible par des principes mis en pratique par les meilleurs Maîtres. Nous y avons joint leurs noms, par ordre alphabétique, pour l'usage de ceux qui veulent se perfectionner dans l'Art de peindre l'écriture, et mériter un jour l'honneur de figurer parmi les noms que la renommée inscrit sur ses tables immortelles.

# *Liste des meilleurs maîtres d'Écriture et Graveurs de Paris.*

*Maîtres d'Écriture.*

Ancion, rue St.-Jacques, près le Prytanée.

Bernard de Melun.

Burette, rue de la Jussienne.

Billarand, place Maubert.

Bedigis, rue Saint-Antoine.

Bernard, rue des Moulins.

Bourgoin, rue Hautefeuille.

Buron, rue de la Harpe.

Chapotot, Vieille rue du Temple.

Desalles, rue Montorgueil.

Frampart, rue Thionville.

Guillaume Monfort, rue de la Huchette.

Gillon, rue Saint-Antoine.

Goblet, rue de la Loi.

Gaudu, rue Hautefeuille.

Harger.

Lechard, rue des Fossés-Saint-Germain-Lauxerrois.

Lecossais.

Miette, rue de Seine.

Pescher, Cloître-Honoré.

Saintomer, père et fils, quai de l'Ecole.

Simonin, rue Neuve-l'Egalité.

Taizy.

Tardieu, rue des Bourdonnais.

*Graveurs.*

Aubert, rue Hyacinte.

Baublé, rue d'Enfer.

Benisy, rue Saint-Julien-le-Pauvre.

Bariolle, rue de la Harpe.

Bezançon, place Cambray.

Bellanger, rue du Plâtre.

Boquet, rue du Faubourg-Jacques.

Dien, rue du Foin-Jacques.

Dizambourg, rue Saint-Jacques, collége du Plessis.

Lefrançois, rue St.-Jacques, collége des Chollets.

Lale, rue du Faubourg-Jacques.

Laurence, Palais-Egalité, galerie de pierre.

Legendre, rue Copeau, près celle Mouftard.

Lachaussée, rue des Marmouzets.

Malbeste, rue Saint-Jacques, vis-à-vis celle du Plâtre.

Molé, rue Jean-de-Beauvais.

Miller, rue Saint-Jacques, au coin de la place Cambray.

Pelissier, rue Saint-Jacques.

Piquet, Palais-Egalité, galerie de bois.

Poisson, rue Saint-Jacques.

Renaud, rue Saint-Jacques.

# L'ART D'ÉCRIRE.

*Définition de l'écriture.*

OUR réussir dans l'écriture, il faut du zèle, de la patience, bons principes, et des modèles d'un bon goût.

L'écriture est l'art de peindre, avec le secours de deux lignes, pensée, les actions des hommes, et tous les objets qui existnt, et même ceux qui n'existent que dans l'idée.

Je n'ajouterai rien à ce qu'en ont dit les philosophes et les ëtes : je ne dois vous occuper que de sa perfection, et des oyens de l'acquérir.

Je dis que l'écriture n'est formée que de deux lignes, savoir : la courbe et de la droite.

La droite peut être perpendiculaire, horizontale, oblique gauche à droite, ou de droite à gauche.

La ligne horizontale, est celle qui, couchée sur un plan elconque, n'est pas plus élevée d'un côté que de l'autre.

La ligne oblique est celle qui est inclinée de droite à gauche, de gauche à droite.

La ligne perpendiculaire est celle qui étant élevée sur une ne horizontale, n'est pas plus inclinée d'un côté que de l'autre.

La ligne courbe est celle dont une certaine quantité de points trouve également éloignée d'un autre point que l'on nomme ntre.

La courbe peut être perpendiculaire, oblique, descente et montante.

Du concours des courbes descendantes et montantes, on me le cercle ou l'ellipse.

*Situation du corps.*

Tous les auteurs qui ont traité l'écriture, nous ont prescrit situation de corps générale, sans avoir égard à la manière tre de chaque individu ; ils ont dit 1° que l'homme qui it doit être commodément assis ; 2° que la table doit être elle hauteur que les coudes puissent poser dessus sans être gé de les lever ou de les baisser ; 3° que l'avant-bras che devoit être éloigné du corps à la distance de cinq gts ; 4° que la main gauche devoit tenir le papier en respect, r qu'il ne pût se mouvoir lorsque nous écrivons ; 5° que ant-bras droit devoit être pour la bâtarde et la coulée, à istance de deux doigts du corps, et pour la ronde, à quatre gts ; 6° et enfin, que le bord de la table devoit déterminer nilieu de cet avant-bras. Toutes ces règles supposent que orps doit être un peut incliné vers la gauche, puisque le gauche est plus éloigné du corps que le bras droit. Cette ation est la plus naturelle, elle est la plus commode pour les individus bien organisés.

J'ajouterai que ces mêmes auteurs ont prescrit de poser la jambe droite dans la situation perpendiculaire, et d'allonger la gauche naturellement.

Voilà la situation du corps, des bras, et des pieds, prescrite par les maîtres, depuis plusieurs siècles ; et cette situation n'a pu être imaginée que par des hommes très-instruits des facultés relatives à l'action d'écrire.

Consultez tous les grands maîtres, vous verrez que tous adoptent la même manière d'être de l'homme écrivant, et que malgré les recherches et les opinions de quelques charlatans qui voulant, en dépit du bons sens, inventer des situations nouvelles, la bonne et la meilleure qui ait été prescrite a toujours été suivie.

Je vais indiquer la manière de trouver la vraie situation du corps et des bras, et ma remarque, quoique nouvelle, ne vous prescrit pas une autre position que celle des grands maîtres.

Le bout de la plume doit être vis-à-vis de la poitrine, lorsque l'on commence la ligne pour l'expédiée ; elle doit s'éloigner vers la droite à mesure qu'elle opère : mais elle doit, pour la posée, être, pour ainsi dire, toujours dans sa même position, c'est-à-dire vis-à-vis de la poitrine, afin de donner aux caractères toujours la même pente.

Ainsi, pour la ronde, il faut que le bras droit soit tellement éloigné du corps que, par sa situation, il forme un des côtés du triangle équilatéral.

Quelque genre d'écriture que l'on cultive, il est important d'indiquer à l'élève la situation du bras propre à la ronde, parce que c'est d'elle que dérivent les autres situations . . . .

Supposons que notre élève, dès sa première leçon, commence à tracer des caractères de bâtarde, nous lui indiquerons d'abord la situation du bras propre à la ronde ; nous lui ferons remarquer que la plume, avec cette situation du bras, trace un jambage perpendiculaire. Nous lui ferons ensuite rapprocher le bras du corps, et alors il connoîtra de lui-même la distance qui devra être entre le bras et le corps pour tracer des caractères plus ou moins inclinés.

En rapprochant le bras droit du corps, il se trouve sur l'un des côtés du triangle isocel. Toutes les figures et les explications sont ici jointes dans ce cahier.

Mais gardons-nous de penser que l'on doive prescrire à tous les éleves la situation du corps que l'art indique à tous les hommes bien constitués. Le maître observateur de la nature trouve souvent les causes de l'impuissance où est un éleve, malgré son zèle, de faire le moindre progrès.

L'éleve, en se tenant dans la position prescrite, ne pourra pas, s'il n'est bien organisé, acquérir le mouvement du bras droit et des doigts, parce qu'ayant ou les reins foibles, ou l'une des parties de son corps paralysée, il lui faut une situation particulière, et je vais citer un exemple qui apprendra qu'un maître prudent étudie les facultés de son élève pour en tirer partie.

Un enfant de douze ans, paralytique de la jambe gauche, étoit plein de zèle pour l'écriture : il sacrifie à l'étude, pour ainsi dire, tout son tems. Des parens peu fortunés firent les plus grands efforts pour lui procurer un maître ; ils s'adressèrent à un de ces charlatans qui, sans connoître les élèves qu'ils entreprennent, promettent toujours un prompt succès. En soixante leçons, dit le charlatan, je veux que votre enfant écrive comme un maître.

L'enfant prend la posture indiquée par l'art. Son corps toujours porté vers la droite s'appésantissoit toujours sur l'avant-bras droit dont les muscles foulés s'opposoient à la flexion des doigts. Le charlatan, à sa soixantième leçon, accusa l'enfant de mauvaise volonté, et finit par l'abandonner.

Bourreau de l'humanité souffrante, ce n'est pas la mauvaise volonté de ton élève qui te confond, c'est ton ignorance. Le succès étoit sous ta responsabilité. Dès la première leçon, tu devois connoître le mal et y appliquer le remède : mais guidé par l'intérêt du moment, tu voulus recevoir un salaire immérité, sans convenir de la nullité de tes soins.

Un maître plus habile, mais plus modeste est appelé et consulté sur le tems qu'il faudroit pour perfectionner l'enfant. Le maître répond qu'un homme sage ne promet rien ; que les facultés des hommes étant inégales, il n'y a que le professeur de mauvaise foi qui puisse fixer le terme de ses leçons. L'enfant est docile au maître qui s'apperçoit de l'incohérence de l'action des deux parties du corps, et voit que la partie droite est foulée. Où en est la cause ? elle existe dans la paralysie de la jambe et de la cuisse gauches ; il ordonne un tabouret assez haut pour que l'élève puisse placer la jambe droite presqu'à la hauteur de la table ; et l'enfant se sentant toute la facilité d'un homme bien organisé, fait en trois mois des progrès rapides.

Voilà le fruit de l'observation. Celui qui approfondit son art, devient le bienfaiteur de l'uhmanité.

Permettez à celui qui a la vue foible de s'incliner ; mais prescrivez-lui de poser son pied droit sur un petit tabouret de trois à quatre ou cinq pouces de hauteur, en observant de proportionner le tabouret à sa taille, et vous lui procurerez une facilité étonnante de soulever le bras droit et le rendre propre à l'expédition.

Si votre élève a la taille courte, donnez-lui une table à pupître ; sans cela, n'en espérez aucun succès ; car ayant les bras longs, il ne pourroit écrire sans les éloigner du corps au-delà des situations prescrites.

Si l'élève est paralysé dans sa partie droite, faites lui élever la jambe gauche.

Je me fonde sur ce que plus un membre a de forces, plus il a de poids pour le mouvement, et sur la nécessité d'établir l'équilibre entre les deux moitiés de l'homme écrivant.

Le membre qui se meut a plus de poids que celui qui est tranquille : et qui croiroit que quand nous écrivons, le mouvement des doigts appesantit tellement notre droite, que nous sentons souvent notre corps entraîné de ce côté là ?

Plus un élève a les doigts roides, plus il importe que son corps soit incliné vers la gauche : car la difficulté de ployer les doigts, exige un mouvement proportionné à leur roideur, et plus le mouvement est grand, plus le poids est considérable ; donc si les doigts de la main droite sont roides, le poids du côté droit sera considérable en raison de cette roideur ; donc il sera nécessaire pour diminuer ce poids d'incliner plus ou moins le corps du côté gauche.

Il est évident d'après cette démonstration qu'il n'y a point de situation générale à prescrire, puisque tous les individus sont différemment organisés.

Le maître habile, avant de commencer la première leçon de son élève, le voit écrire ; il étudie sa manière d'être ; il apprécie ses facultés, et sachant toujours seconder la nature, il la dirige avec sagesse.

Vous voyez que quelqu'étendue que l'on puisse donner à un traité d'écriture, il ne contiendra jamais tous les préceptes qui conviennent a chaque individu ; il faut donc que l'instituteur supplée à ce qui lui manque de préceptes pour exercer son état avec honneur.

### *Description de la main.*

ALAIS persuadé que toutes les mains ne sont pas semblables, a cherché les moyens de leur donner à toutes des situations propres ; et avant que je vous entretienne des différentes situations de la main, je dois vous en donner la description.

J'appelle paume la partie de la main qui est depuis le poignet jusqu'à la naissance de tous les doigts.

Les doigts sont partagés en trois phalanges, et chaque phalange est attachée à une autre par une jointure.

Les Premières phalanges sont celles qui tiennent à la paume par une jointure.

Les secondes phalanges sont celles du milieu, et les troisièmes sont celles du bout des doigts.

Le pouce n'a que deux phalanges et deux jointures ; de là vient sa difficulté de plier.

Le pouce est l'agent le plus difficile à vaincre ; sa roideur est souvent le plus grand obstacle aux progrès.

L'on nomme *index* le doigt le plus près du pouce. Le grand doigt voisin de *l'index* se nomme majeur.

L'avant dernier doigt se nomme annulaire, parce que c'étoit lui, dans les cérémonies nuptiales, qui recevoit l'anneau.

Le petit doigt se nomme auriculaire.

Toutes les mains bien constituées doivent, pour écrire avec facilité, être tellement posées que l'on puisse passer un doigt sous la première jointure de l'auriculaire, et que les deux premières jointures ou phalanges ne touchent pas le papier.

Tous les doigts doivent être arrondis. L'annulaire et l'auriculaire doivent être joints ensemble et séparés du majeur d'un demi-travers de doigt.

### *Tenue de la plume.*

APRÈS vous avoir prescrit la situation de la main, je dois vous indiquer celle de la plume dans les doigts.

Elle doit toucher le bout du doigt majeur très-près de l'angle, et passer sous la dernière phalange de l'index, sous celle du pouce, à une ligne et demie de l'angle ; elle doit aussi toucher le milieu de la première phalange de l'index.

Le pouce doit être sur la plume vis-à-vis de la dernière phalange de l'index.

Tous les doigts doivent être accordés, parce qu'ils doivent toujours être disposés à s'allonger pour former les têtes.

Il y a des maîtres qui exigent que les doigts soient toujours allongés ; ceux-là ne réfléchissent pas que le déplier étant l'action la plus difficile des opérations des doigts, il faut chercher les moyens de le faciliter.

*Des mouvemens.*

La plume et les doigts bien situés, il importe, pour produire de beaux caractères, de mouvoir les agens avec art.

Je distingue trois sortes de mouvemens, savoir : celui des doigts et du poignet appelé mouvement mixte, et celui du bras.

Le mouvement des doigts produit toutes les lettres qui n'ont ni têtes ni queues, ou dont les têtes et les queues ne sont pas fort longues.

Le mouvement mixte produit les têtes et les queues longues et les jetées; il produit aussi les majuscules et les traits ou passes que l'on ajoute aux lettres pour donner aux doigts plus de souplesse.

Le mouvement du bras produit les capitales et les traits.

*Coupe de la plume, et choix que l'on peut en faire.*

Il importe à un maître d'écriture d'habituer ses éleves à écrire avec toutes sortes de plumes, parce que celui qui écrit bien avec une mauvaise plume, réussira mieux avec une plume choisie.

Mais j'ai éprouvé que les plumes de l'aile droite ne sont pas propres à l'expédiée, et je crois que la cause se trouve dans la direction de leur fente.

La fente des plumes de l'aile droite est perpendiculaire l'égard de la main, ce qui ôte à l'angle des doigts beaucoup e sa souplesse. En effet, il y a peu de ces plumes qui n'éclaussent; elles ont encore le désavantage de ne point s'adapter la première phalange de l'index, à moins qu'on n'ait eu grand in de les redresser.

Entre les plumes de l'aile gauche, les secondes sont les eilleures. On distingue trois sortes de plumes, savoir : les remières, les secondes et les bouts d'aile.

Les premières sont celles qui se trouvent à la naissance de aile jusques vers le milieu.

Les secondes sont celles qui se trouvent depuis le milieu de aile jusqu'au bout, où se trouvent les troisièmes appelés bouts 'aile.

On nomme aussi doubles secondes, celles qui approchent le us des bouts d'aile.

La double seconde qui est bien mûre et bien claire, est périeure à toutes les autres, parce qu'elle a le tuyau plus c et plus mince que la simple seconde.

Une plume est mûre, quand elle est tombée naturellement l'aile. On les nomme plumes de Hollande, parce que les llandais qui élevent beaucoup d'oies, ont soin de récolter les umes qui se trouvent éparses dans les marais.

Je ne conseille pas d'acheter ces grosses plumes transpantes qui ne sont devenues ainsi qu'avec le secours d'une huile poisson; car elles fendent rarement bien, et elles ne peuvent rmer de liaisons.

On connoît qu'une plume est mûre, quand, sans avoir été attée, elle est dépouillée de son enveloppe : car cette enveppe se détache avec le seul frottement d'un morceau d'étoffe.

Les moyens bouts d'aile sont aussi très-bons : mais il faut éviter de se servir de celles qui sont raboteuses ou qui sont veinées, parce qu'au lieu de fendre, elles se cassent ou se déchirent, et ne produisent que des espèces de scies dentelées.

Ayant choisi une bonne plume, je l'ébarbe, je la tiens avec le pouce, l'index et le majeur de la main gauche : je prends le canif que je serre avec les quatre doigts de la main droite ; je place le pouce de la main droite sur le bout du doigt majeur de la main gauche, et je fais à ma plume la première ouverture du côté de son ventre, en observant que l'extrémité de cette ouverture qui forme une ellipse, soit sur la même ligne que la reinure de la plume, et j'appelle reinure la ligne qui sépare les deux petits côtés de la plume ; je renverse ensuite la plume, et je fais une seconde ouverture vis-à-vis du dos ; puis je commence la fente avec la lame du canif, et comme il importe que cette fente soit extrêmement vive, je l'aggrandis en insérant le bout du manche de mon canif dans le tuyau ; j'appuie le pouce sur l'endroit de la plume où je veux que la fente se termine, car si je n'employois ce moyen, la fente seroit trop considérable. Je retourne la plume, et d'un coup de canif serré dans les doigts, je forme de l'autre le grand tail ; j'évide ensuite ma plume des deux côtés, je forme le bec en cavant un peu les deux côtés, si ma plume est dure, et en ne les cavant pas, si ma plume est molle, parce que la cavité des deux côtés du bec de la plume lui donne de la souplesse, et qu'il est nécessaire de ne point caver celles qui sont molles, pour que le bec soit plus ferme.

C'est ainsi que, par des moyens différens, l'artiste rend son instrument toujours propre à produire des chef-dœuvres. Après avoir évidé le bec de la plume, je le pose sur l'angle où j'introduis dans son tuyau une autre plume, et après avoir diminué un peu l'épaisseur du tuyau, je coupe vivement le bec, en tenant le canif dans une obliquité telle que l'angle du bec de la plume qui, en écrivant, se trouve du côté du pouce, soit plus long que l'autre.

J'ai soin aussi de donner à ce côté du bec un peu plus de largeur qu'au côté des doigts, parce que devant concourir seul à la formation des liaisons, et aider avec l'autre côté à la formation des déliés, il faut qu'il ait plus de force. Je le fais plus long afin de pouvoir produire toutes les liaisons pour tous les genres d'écriture, sans tourner la plume dans les doigts.

Je donne au bec de la plume une grosseur proportionnée au caractère que je veux produire, et j'emploie la même coupe pour les trois genres d'écriture, parce que tous doivent offrir aux yeux les mêmes effets.

La plume propre à l'expédiée et aux traits diffère un peu de celle que je viens de couper : elle doit avoir le bec taillé en fausset, et les deux côtés doivent être égaux en largeur, parce que tous deux devant fatiguer également dans l'action, ils doivent avoir la même force, la même capacité.

*Des effets de la plume.*

On n'en compte communément que deux, le plein et le délié.

On appelle en général un plein tout ce qui n'est pas produit par le seul tranchant de la plume, et délié, le trait produit par ce tranchant, quelle qu'en soit la direction.

Toutes les fois que la plume passe sur son tranchant, de façon que les deux angles portent sur le papier, et paraissent rentrer l'un dans l'autre, en produisant un seul et même effet, c'est un délié ; lorsqu'au contraire le bec de la plume ne porte plus que sur un seul angle, c'est une liaison.

Les liaisons ne produisent pas un léger transport de la plume de gauche à droite, soit en la tournant, soit en la soulageant simplement du côté du pouce sans la tourner.

La liaison doit être toujours un peu courbe, et doit remonter jusqu'au sommet de la lettre qui suit, et avec laquelle elle ne doit pas se confondre brusquement.

*Exercices, élémens d'écriture.*

On ne sauroit mieux employer son temps qu'à ces préludes, et c'est un préjugé trop ordinaire aux commençans, de croire qu'ils doivent tout de suite former des lettres, comme si on devait le leur permettre avant qu'ils soient bien en état de former toutes les parties dont les lettres sont composées.

Ils servent à délier les doigts, à faciliter les grands mouvemens, à donner le moëleux, et à disposer la main à une exécution libre.

Pour la formation d'un jambage parfait, il faut que la main soit un peu couchée, et que l'on sente toujours que les deux angles de la plume portent sur le papier.

On ne saurait trop faire contracter aux doigts la souplesse nécessaire sans les avoir long-temps exercés à des mouvemens assez grands pour vaincre leur roideur naturelle.

Pour bien réussir, il faut connaître par principes et par sentiment la pratique des accens et des points; savoir bien tailler sa plume pour tous les caractères; préférer un caractère gros, nourri et moyen, au caractère maigre, et sur-tout à l'égard des personnes du sexe; ne passer au petit caractère qu'après s'être bien exercé dans le gros et dans toute espèce de posées.

*Figures radicales.*

Celles des lettres d'où dérivent les autres, ou dont les parties entrent dans la configuration, s'appellent radicales.

Nous reconnaissons, avec le célèbre Rossignol, qu'il n'y a que l'*i* et l'*o* qui soient radicales, parce qu'il n'y a aucune lettre de l'alphabet qui ne dérive de ces deux lettres, en y faisant quelques additions ou retranchemens.

Celui qui se sera bien exercé à former ces deux lettres, n'aura aucune difficulté à former toutes les autres.

Par exemple, pour former un *a*, en ronde, sachant bien faire l'*o* de cette écriture, il n'y a qu'à ajouter sur la dernière partie de l'*o*, un autre *o* terminé par un délié. Pour former un *g*, on n'aura qu'à ajouter également sur la dernière partie de l'*o*, un *j* consonne qui dérive aussi de l'*o*, le *g* se trouvera formé; ainsi des autres lettres qui dérivent de l'*o*.

Celles qui dérivent de l'*i* ne souffrent pas plus de difficultés. Pour former un *u*, on n'a qu'à placer deux *i* à coté l'un de l'autre en observant la distance indiquée, on fera l'*u*, l'*n*, l'*m*, etc.

On observera les mêmes principes pour la coulée: cette écriture ne diffère de la ronde, qu'en ce que l'une est penchée et l'autre perpendiculaire.

A l'égard de l'écriture italienne ou bâtarde, par l'*o* on trouve la forme du *c*, en retranchant la dernière partie à un bec de plume plus bas que la sommité.

La tête de l'*f* se forme comme la tête du *c*.

Avec l'*o* on formera un *e*, en y ajoutant au milieu un délié parallèle aux deux autres, qui ira joindre insensiblement le plein qui le termine.

Ajoutant à l'*o* ou au *c*, un *i*, on formera l'*a*, etc.

La ligne mixte étant d'une grande utilité dans l'écriture, il est nécessaire de s'y exercer; elle n'est autre chose qu'une ligne droite ou un jambage et deux déliés courbes; on parviendra à sa configuration au moyen de l'*i* et de l'*o* dont elle dérive; cette figure sert à former presque toutes les lettres majeures.

*De la mesure des lettres, et des distances.*

La mesure des lettres dépend de la largeur du bec de la plume dont on se sert, et qu'elle renferme un certain nombre de fois.

Les maîtres écrivains ne diffèrent, dans la fixation de ce nombre, que parce qu'il n'est pas invariablement déterminé.

La pente de la bâtarde ainsi que de la coulée est ordinairement de trois becs de plume relativement à la perpendiculaire, sa hauteur de huit, et sa largeur de cinq, y compris les deux côtés de la lettre.

Le carré parfait est la seule figure qui lui convient, puisque les cinq becs que ces lettres portent de largeur en dehors ajoutés aux deux becs de pente, font un espace égal à celui de la hauteur qui est de huit becs.

On forme un parallélogramme (carré long) composé de deux lignes obliques parallèles prises du tranchant de la plume, et de deux lignes horizontales pratiquées au sommet et à la base; les trois becs de pente donnés aux deux lignes obliques, et les cinq becs de plume tracés au haut de cette figure, supposée de huit becs d'élévation, forment la démonstration de ce principe.

La ronde porte communément cinq becs de plume d'élévation, et autant de largeur, parce qu'elle est carrée.

On n'a qu'à tracer deux jambages l'un à côté de l'autre, et de la proportion déterminée; on verra d'abord la largeur de cinq becs de plume en dehors, et ensuite que la distance entre deux jambages ou entre deux lettres différentes est toujours de trois travers de bec dans l'intérieur, à quelques exceptions près.

En toute écriture, les lettres à tête comme *b*, *h*, *f*, *k*, *l*, excèdent au-dessus de la ligne d'un corps et d'un bec de plume.

En telle écriture que ce puisse être, les queues des lettres mineures, comme *f*, *g*, *j*, *p*, *q*, *y*, et quelquefois *z*, doivent passer au-dessous de la ligne d'un corps et demi.

Le *d* ne doit avoir qu'un corps au-dessus, et se terminer vis-à-vis la première partie; le *t* doit passer d'un demi-corps, et la naissance de l'*s*, de deux becs de plume au-dessus de leur corps ordinaires.

Pour toute espèce d'écriture, de jambage à jambage, de jambage à rondeur et de rondeur à jambage, la distance doit être de trois becs de plume qui forment le corps de largeur qu'on voit dans l'intérieur de l'*o*; de rondeur à rondeur, demi-corps; du *c* et de l'*r* à toute autre lettre un bec, de l'*e* deux becs; la liaison de l'*i* à *s* doit être portée à deux corps; de *s* à *s* un demi-corps dans la base, et de toute lettre à tête à une autre aussi à tête un corps.

Une trop servile observation des règles nuit souvent à la liberté de l'exécution, qui fait une grande partie de la beauté de l'écriture; on doit laisser quelquefois à une main hardie de donner plus de grâce à ses productions, quoiqu'elle s'écarte des principes dans la rapidité du mouvement.

Les plus grands maîtres ont fixé, depuis long-temps, la

distance à observer entre les mots, à deux corps ou à la largeur d'un *m*, du caractère de la plume dont on se sert ; plus grande, elle laisserait trop de vide ; plus petite, elle fatiguerait le coup-d'œil.

La distance d'une ligne à l'autre, pour toutes les écritures en usage, doit être de trois corps de hauteur, et cela pour empêcher que les queues d'une ligne ne touchent aux têtes des lettres qui se trouveraient dans la suivante.

*Des lettres majeures, capitales, et de leur emploi.*

Les lettres majeures ne s'emploient qu'au commencement des phrases composant un discours, et aux noms propres d'hommes, de villes, etc.

Les lettres capitales ne sont employées qu'au frontispice d'un ouvrage.

Les lettres majeures doivent avoir trois fois la hauteur du caractère que l'on écrit, excepté quelques-unes qui ne doivent avoir que deux corps, comme l'*M*, l'*O*, l'*Y* et l'*A* de ronde.

Pour parvenir à la configuration des lettres majeures, il faut préalablement s'exercer aux lignes mixtes et spirales qui en sont l'origine.

La proportion des capitales est aux majeures, ce que les majeures sont aux mineures, avec la différence que toutes les lettres capitales s'exécutent à main levée avec la plume à traits.

On doit exécuter les majeures à main posée, lorsqu'on a besoin de s'assurer de la vraie situation de la plume et de prendre les principes de ces lettres, et on ne doit les exécuter à la volée ou à main levée, que lorsque assez exercé à les former avec facilité et précision à main posée, on est sûr des principes.

*De la ronde.*

On se sert d'une plume dont le bec a peu d'obliquité, et dont la tenue, différente de celle qui convient aux autres écritures, demande que les doigts, qui la tiennent, soient un peu repliés, et la main moins renversée, de manière que la plume soit plus droite et quitte le doit index avant le milieu de la troisième phalange.

La position de la plume doit être très-oblique, et telle que l'angle droit de son bec soit plus élevé que le gauche de la largeur même de ce bec.

On trace les caractères de cette écriture verticalement, c'est-à-dire, ne penchant ni d'un côté ni de l'autre.

La marche que l'on suit pour la ronde est la même que pour la bâtarde : les exercices de l'une et de l'autre commencent et se succèdent de la même manière.

La forme des majeures de la ronde est généralement la même que celle de la coulée et de la bâtarde, à l'exception de quelques-unes qui en diffèrent, et qu'on saisira facilement par limitation.

*De la bâtarde.*

Un avantage bien précieux qu'elle a sur la ronde, la coulée et l'expédie, c'est d'avoir des caractères très-distincts dans leur forme particulière, et très-simples dans leurs contours, ce qui la rend très-lisible.

On trace cette écriture dans une situation penchée, et avec une plume dont le bec doit être coupé plus obliquement que pour la ronde.

Lorsqu'il s'agit de la bâtarde, le coude doit être moins éloigné du corps que pour la ronde, et la main un peu plus renversée.

La position de la plume doit être oblique, de manière que l'angle droit du bec, qui est celui des doigts, soit plus élevé que l'angle gauche, qui est du côté du pouce, d'un demi-bec de la plume.

*De la coulée.*

Semblable à la bâtarde, dans sa pente et ses dimensions, la coulée se forme dans la même situation de plume et de bras.

On préludera par quelques exercices, tels que des jambages unis ensemble, observant que les liaisons des *m* et des *n*, au lieu de sortir du milieu des jambages comme dans la bâtarde, partent de la base même, qui doit être très-peu arrondie, excepté le dernier qui doit l'être davantage. Des jambes on passera aux lettres à tete, dont les boucles se forment comme celles des *e*, et doivent commencer au tiers de la partie supérieure.

Ses majeures sont absolument les mêmes que celles de la bâtarde, et de bons modèles instruiront suffisamment de ce qu'il y a de particulier dans la forme de quelques-unes de ses mineures.

*De l'expédiée.*

Il y a trois espèces d'écritures à la main, qui ont chacune leur avantage avec quelques principes particuliers : on les nomme la bâtarde, la coulée et la ronde.

L'expédiée, ainsi nommée de la célérité qu'elle requiert dans l'exécution, n'est pas une espèce d'écriture particulière : elle n'est que la coulée écrite plus librement.

L'expédiée exige, de la part de l'écrivain, plus de légéreté dans les mouvemens, et sur-tout une grande habitude.

On doit préluder cette écriture par quelques exercices, tels que les *ff*, *ff*, etc., dont on fera des lignes et même des pages entières.

*De l'anglaise.*

Les caractères anglais ont des pleins qui font l'effet d'une plume fine et fendue, fortement pressée sur le papier. Sa pente est diagonale d'un rectangle égal aux cinq-huitièmes du carré. Toutes les boucles des lettres *b*, *f*, *h*, *k*, *l*, ont un corps et demi de hauteur. Un corps de largeur est égal à la moitié d'un corps de hauteur : toutes les autres proportions sont les mêmes que celles de la coulée.

*Encre et papier.*

Le papier le plus anciennement fabriqué est le meilleur. Pour être bon, il doit être ferme, suffisamment collé et bien battu : il faut de plus qu'il ait le grain fin, qu'il soit uni et net, sans taches, sur-tout sans rides, filets ni poils.

Pour avoir de l'encre perpétuelle et indélébile, on met, dans une bouteille de trois chopines, une pinte de vin blanc, une demi-livre de bonnes noix de galles concassées, quatre onces de couperose bien calcinée et réduite en poudre, demi-once de gomme arabique avec un peu de sucre candi. On bouche la bouteille, on l'agite pendant quelques momens, on réitère cette agitation pendant trois ou quatre jours. Lorsqu'on en tire, il faut la remplacer par autant de vin blanc, en agitant de nouveau la bouteille. C'est le moyen de la conserver.

N. TA. Deux exemplaires ont été déposés à la Bibliothèque Nationale.

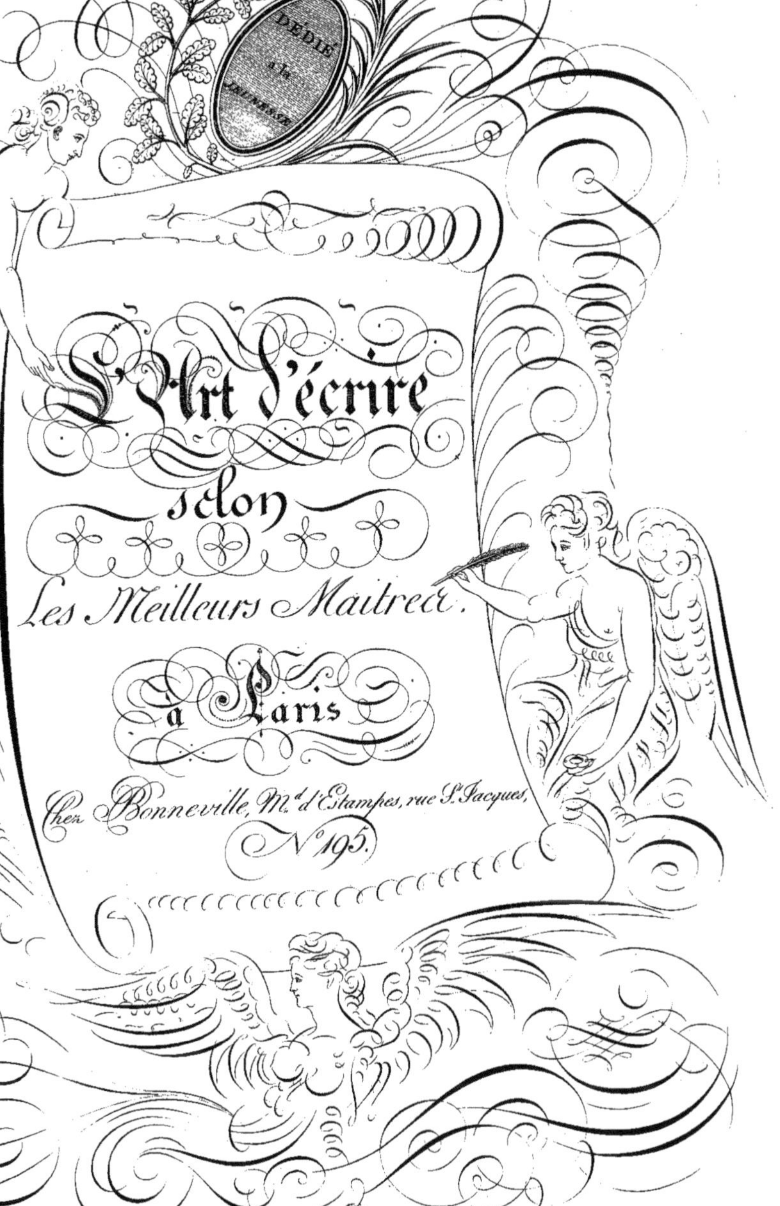


l'Ecriture du Titre et le Medaillon, sont du Cn. Saintomer. Gravé par Bénzy.

Les Traits sont de la composition du Cn. Bourgoin. Gravé par Renaud.

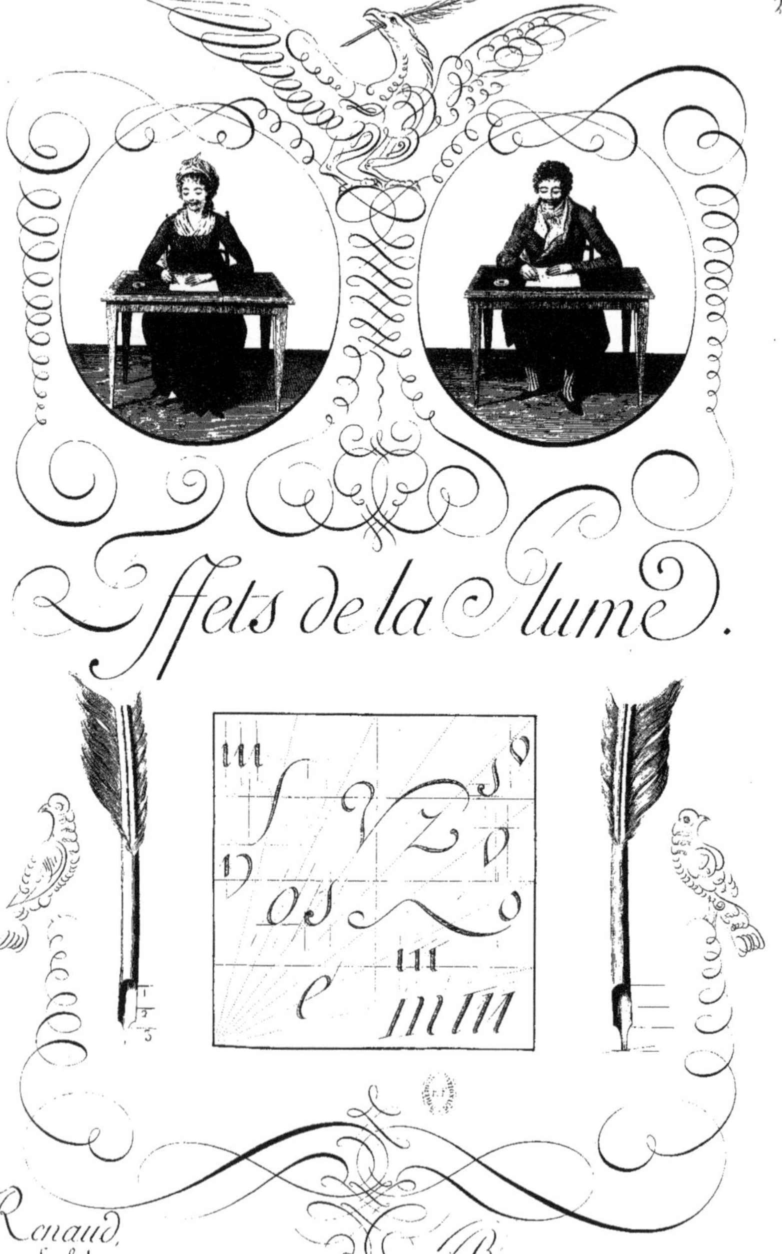
Effets de la Plume.
Renaud, Sculpt.
B........

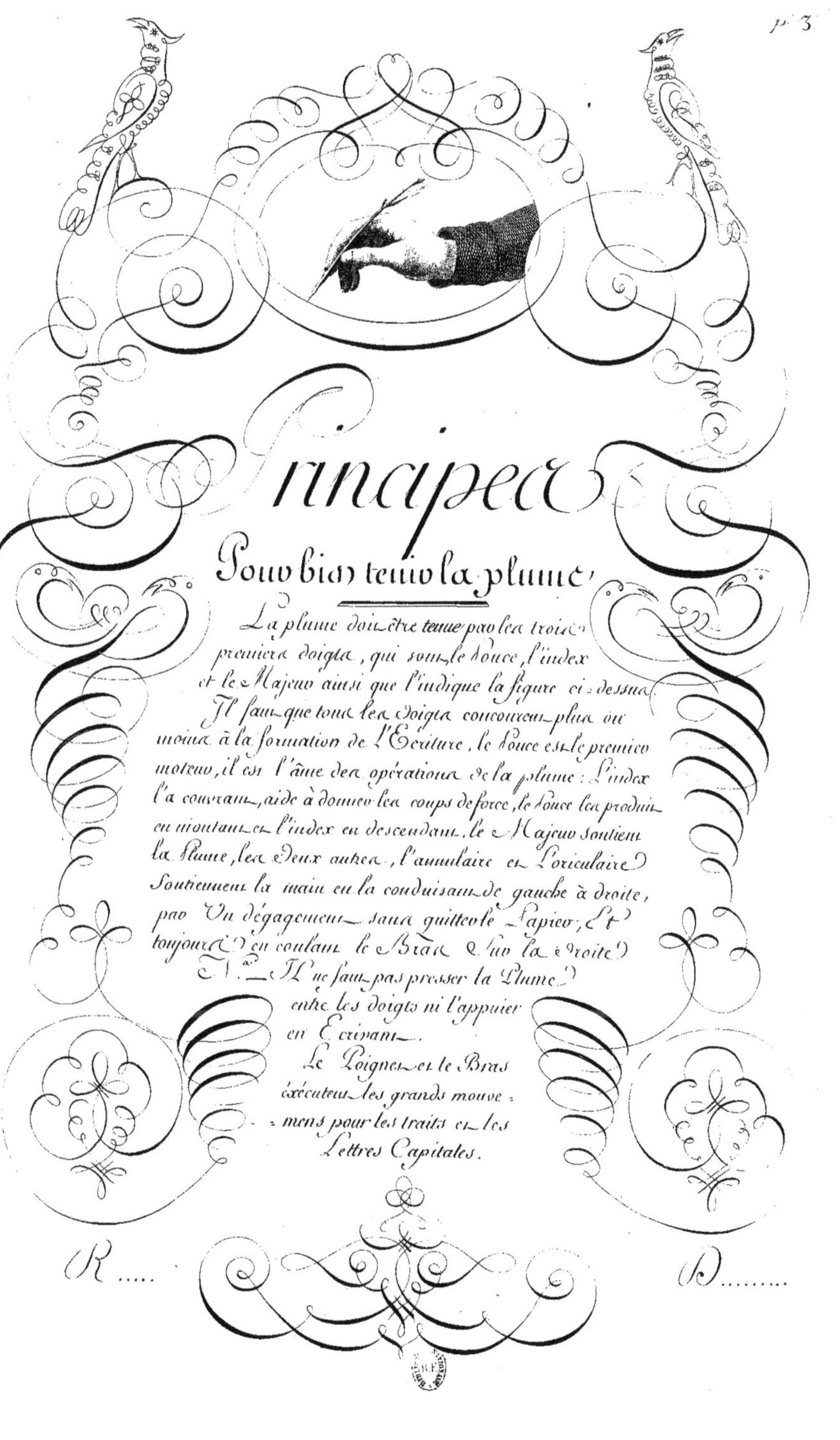

# Principes

## Pour bien tenir la plume

La plume doit être tenue par les trois premiers doigts, qui sont le pouce, l'index et le Majeur ainsi que l'indique la figure ci-dessus. Il faut que tous les doigts concourent plus ou moins à la formation de l'Écriture, le pouce est le premier moteur, il est l'âme des opérations de la plume : L'index l'a courant, aide à donner les coups de force, le pouce les produit en montant et l'index en descendant. le Majeur soutient la plume, les deux autres, l'annulaire et l'oriculaire soutiennent la main en la conduisant de gauche à droite, par un dégagement sans quitter le papier; Et toujours en coulant le Bras sur la droite.

N.a. Il ne faut pas presser la Plume entre les doigts ni l'appuier en Écrivant.

Le Poignet et le Bras exécutent les grands mouve=mens pour les traits et les Lettres Capitales.

R.....    D........

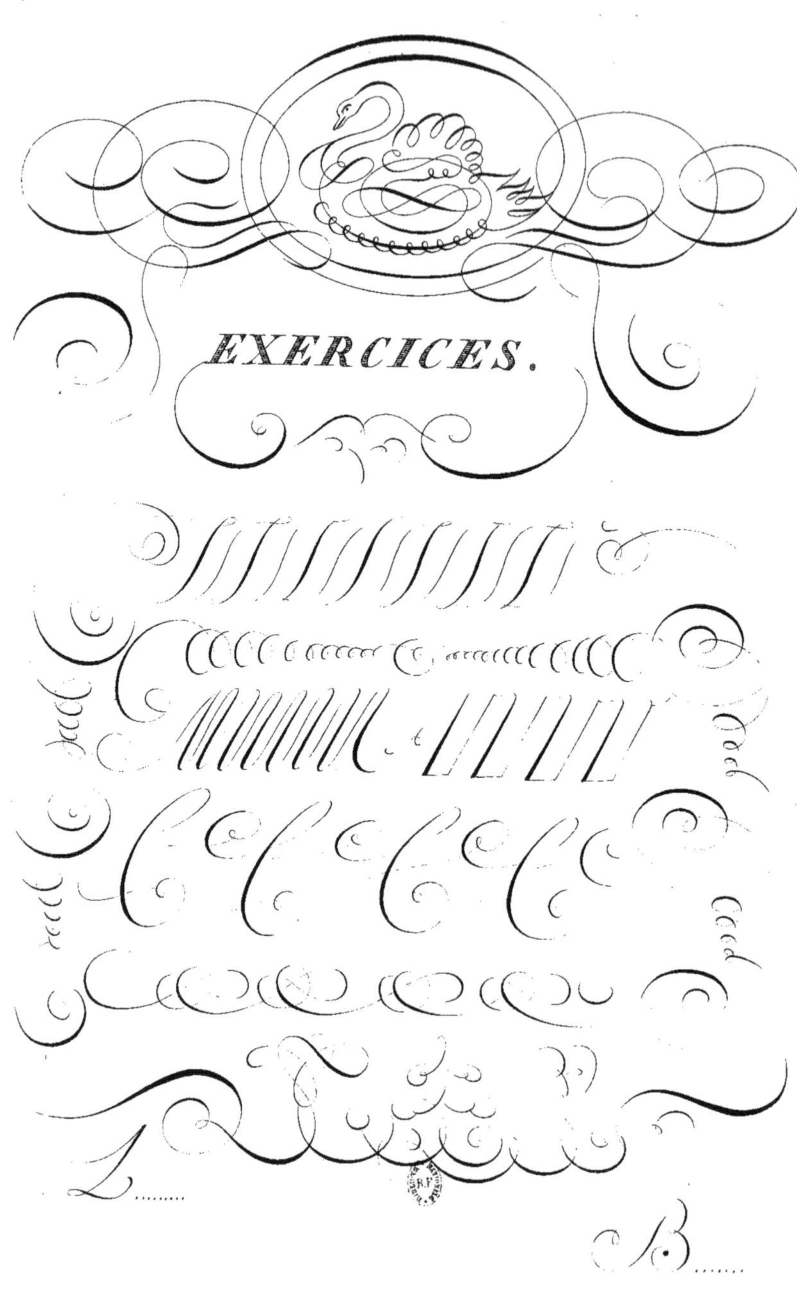
EXERCICES.
L........
B......

# Majeures

Bernard
de Melun.

Gravé par PELICIER.

# Principes

## Mésurées.

ı ı ccc ı cc c ı oo cc ııı

c ı o aa bb cc d ce ſ ſ g

g bh y L ll ıı ııı n o

pp q r r ſ ſ s s ti u o x y z.

Equivoque, Véritable.

Renaud Sculp. Guillaume Montfort.

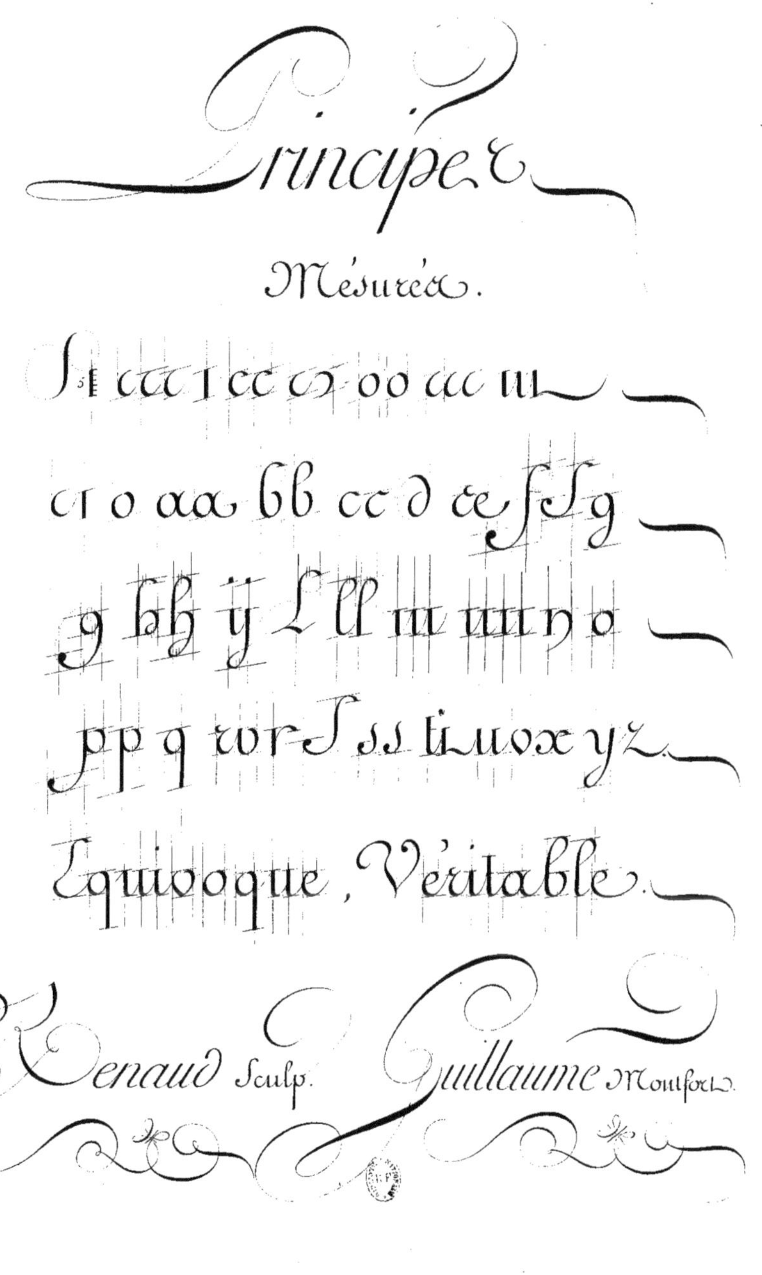
Principes
Mésurés.
Equivoque, Véritable.
Renaud Sculp.
Guillaume Montfort.

Nous Administ généraux
des hopitaux militaires
de Strasbourg, Metz,
Toul, et Verdun. certifions
que Bonaventure Simon
de Lommon a exercé
pend quatorze années ?

Aabcdefghilmnopqrstuvxyz

D. G.

Quiconque à vingt ans ne sait rien, ne travaille pas à trente, n'a rien acquis à qua=rante, ne saura, ne fera, et n'aura jamais rien.

A B C D

E F G H I K L M

N O P Q R S

T V X Y Z &

D G

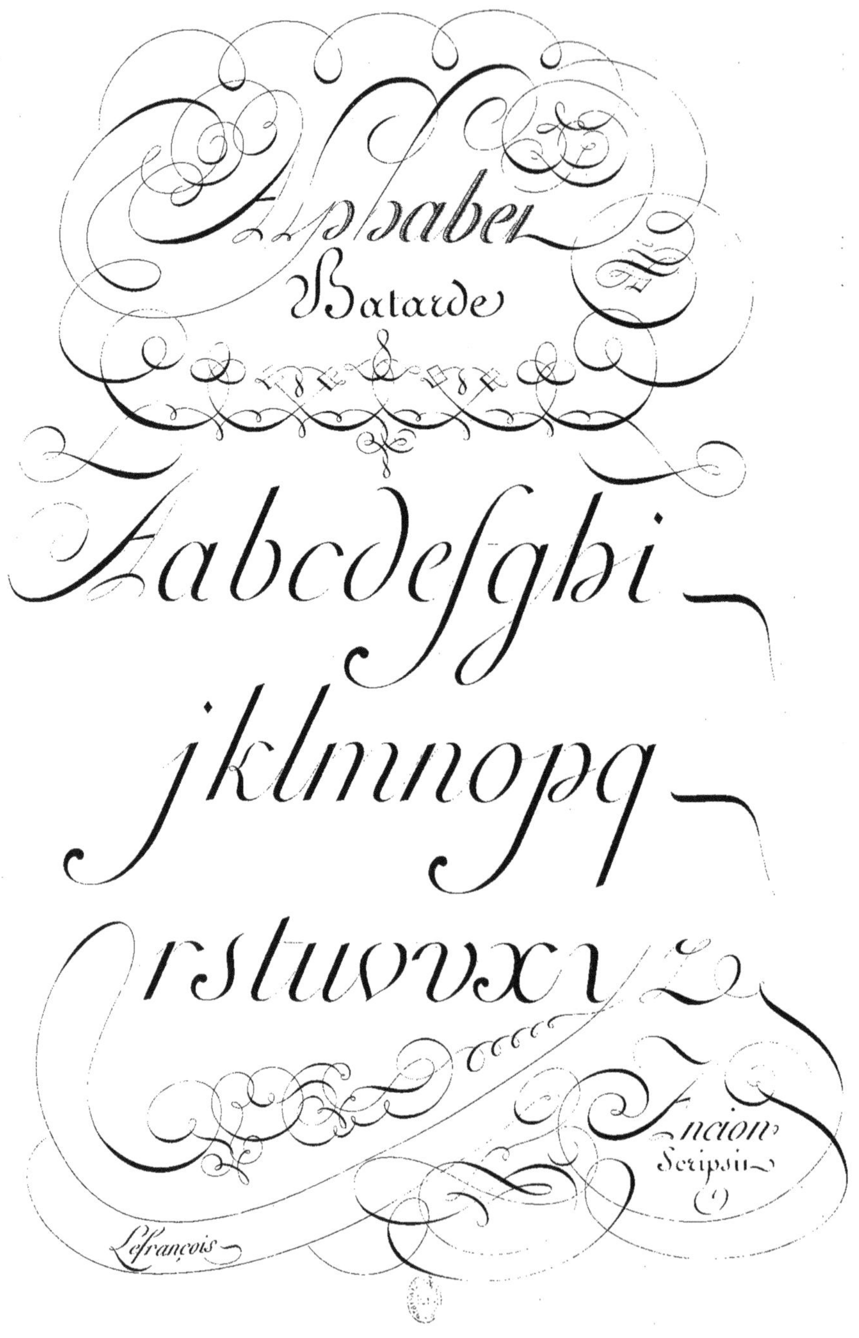
Alphabet
Batarde
abcdefghi
jklmnopq
rstuvxyz
Ancion
Scripsit
Lefrançois

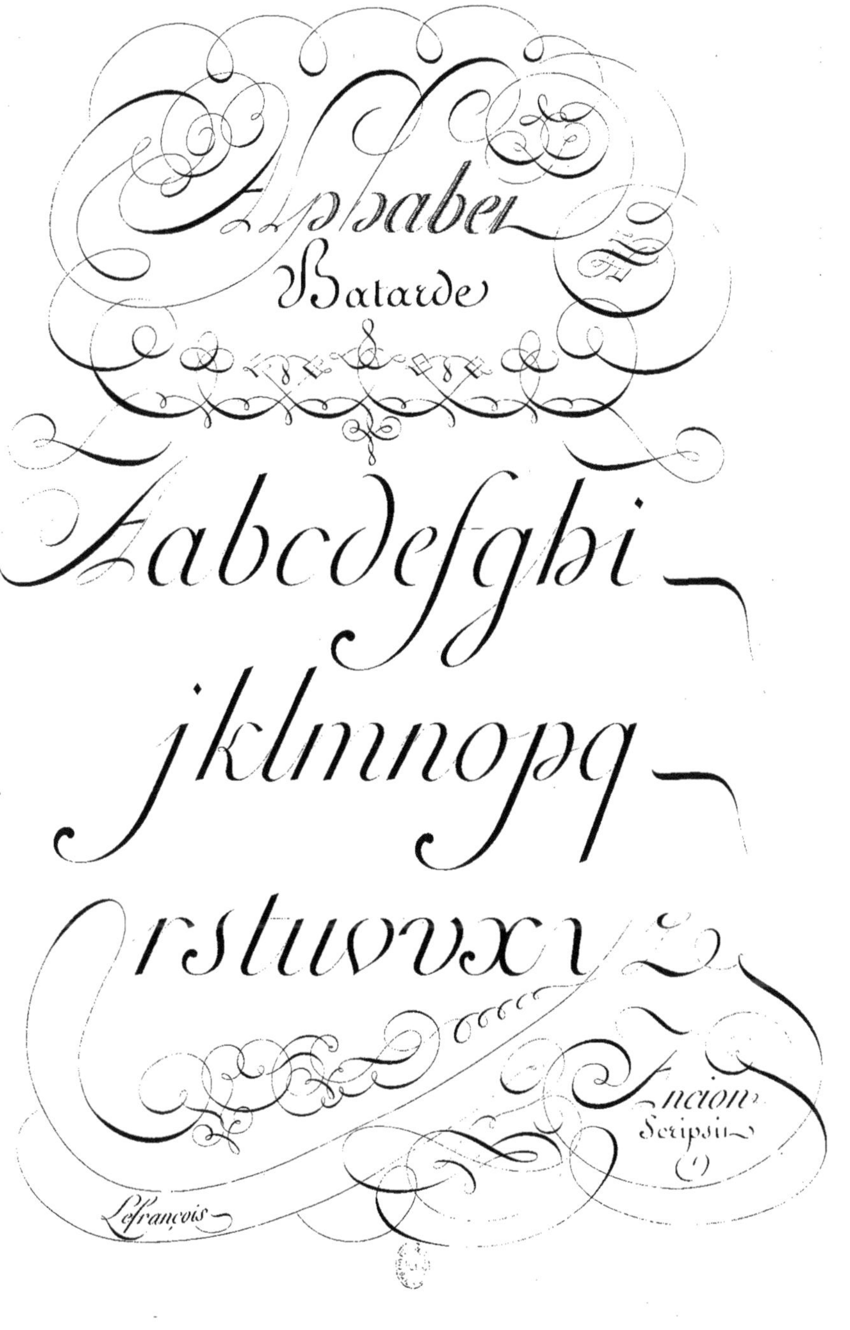
Alphabet
Batarde
abcdefghi
jklmnopq
rstuvxyz
Ancion
Scripsit
Lefrançois

Numeration

reconnois

sommaire

comment

Renaud. Buret F.

Bonaventure et —

administration a —

généralement not —

communautés il —

généreusement a —

R. B.

Nous recommandons,
ordonnons aux sieurs
Louis Norgommel
et à Bonnaventure
Pommépuivaulbone
commissionnaires po.
Mr Paul à Vonoy

Gaudu
Renaud Scrip.t

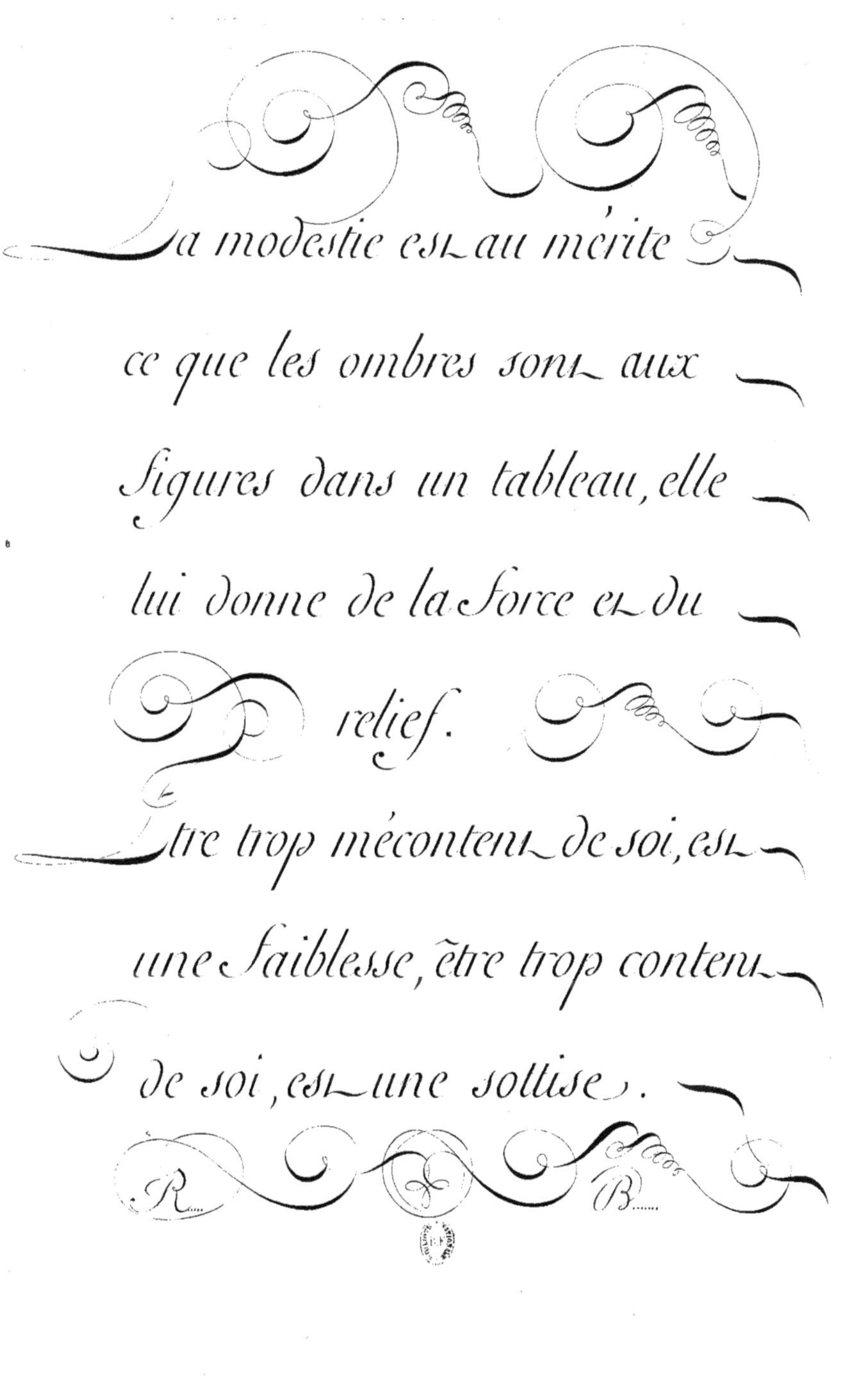

La modestie est au mérite ce que les ombres sont aux figures dans un tableau, elle lui donne de la force et du relief.

Etre trop mécontent de soi, est une faiblesse, être trop content de soi, est une sottise.

R..... B.......

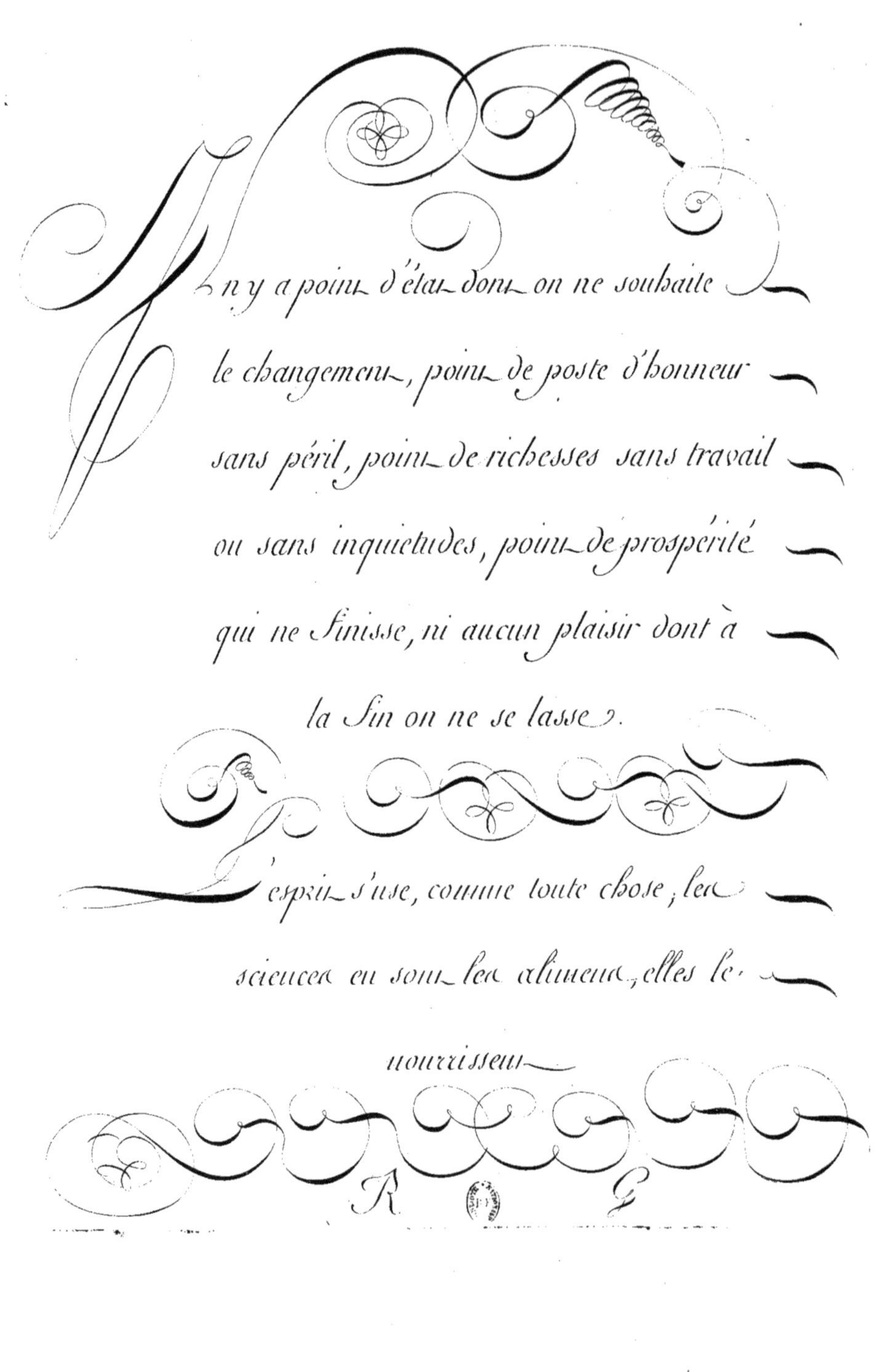
Il n'y a point d'état dont on ne souhaite
le changement, point de poste d'honneur
sans péril, point de richesses sans travail
ou sans inquiétudes, point de prospérité
qui ne finisse, ni aucun plaisir dont à
la fin on ne se lasse.
L'esprit s'use, comme toute chose; les
sciences en sont les alimens, elles le
nourrissent.
R. G

Les Athéniens se consultaient pour savoir, si l'on accorderait à Alexandre les honneurs divins. Tous les Sénateurs opinaient pour la négative: Eh! Messieurs leur dit Deinades, prenez garde en voulant défendre le ciel, de perdre la terre: Ce bon mot éclaira le Sénat Athénien: on prit un tempérament pour satisfaire un Monarque à qui Jupiter lui même, n'avait pu résister.

A A A B B B C C D D E
F G H I J K L L L M M N
N N O O P P Q R R S S T
T U V U V V X Y Y Z &

R.....    B.....

# Alphabet

Coulée

&ab c d e f g h

i j k l m n o p q

r s t u v x y z

R..... B.....

Avantageusement

Justice pratique

Languissamment

Administration

Singulierement y.

Ancion Scripsit

Renaud Sculpsit

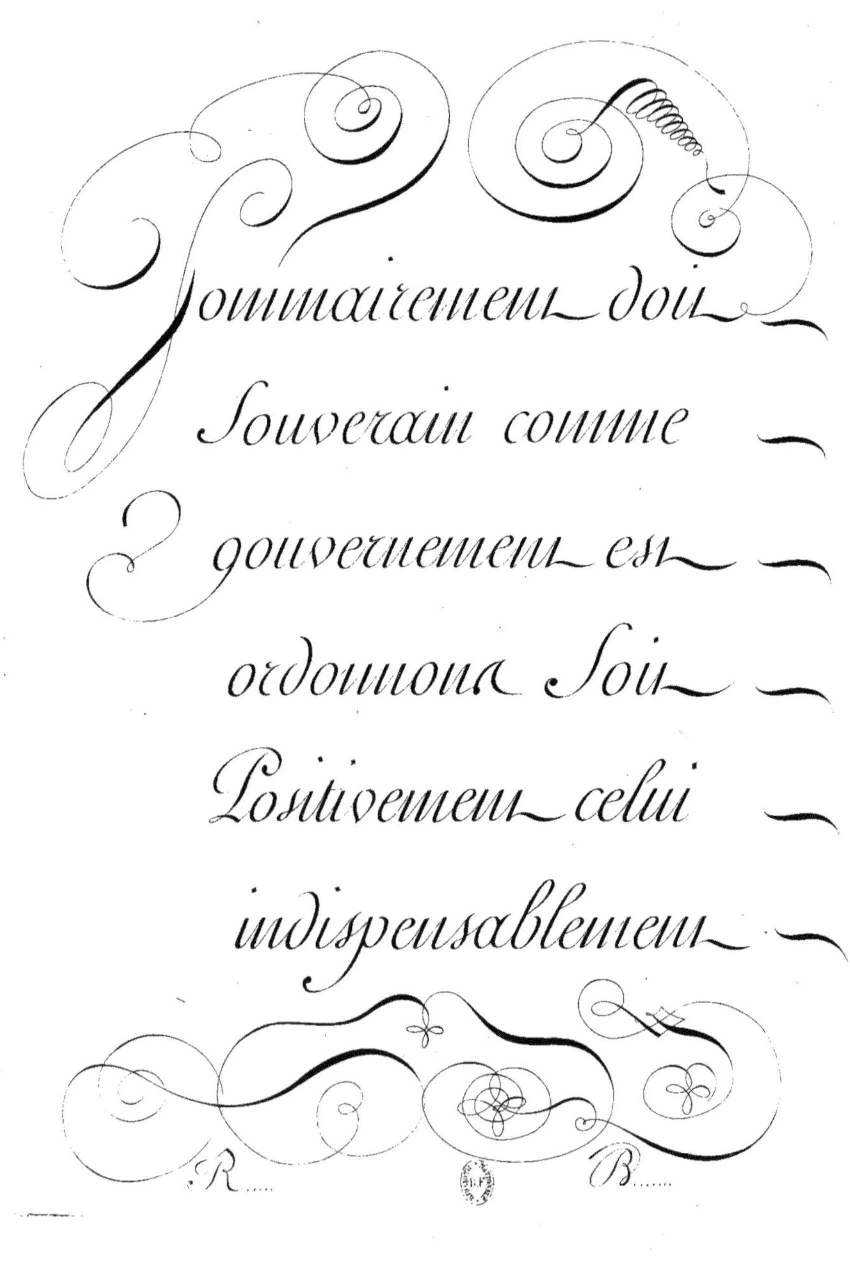
Sommairement doit
Souverain comme
gouvernement est
ordonnons Soit
Positivement celui
indispensablement
R......
B......

L'Interêt divise le frere d'avec le Frere, l'ami d'avec l'ami et l'homme d'avec lui même. L'Interêt a perverti l'usage des biens l'ambition les recherche l'avarice les retient.

Beniz V. sculp.

Guillaume Montfort

Nous commandons à Maître
Bonnosffont de saint Noue
Commissaire des Guerres et
Ordonnat. de Poursuivre
Le Nommé Bomprollory
Pardevant le Conseil,
ggo. qu'il ait à completter
Son Régiment.

Lizambourg. Sculp.
S.......

Amiens Autun Blois

Bourges Cremonne Crosne

Dombes Evreux Etampes

Fontenai Gravelines Hautes

Jeromes Laon Mons

Namur Ours Parme

Quimphis Quimper Rome

Salin Toulouse Vannes

Xaintes Yvetot Zelande

Dizambourg

Sculpsit.

S......

Un chevalier romain étant mort, on trouva que ses
dettes excédaient de beaucoup son bien : on vendit
cependant ses meubles, pour en acquitter une partie.
Auguste ordonna qu'on achetât pour lui le lit
de cet homme : Il faut, dit-il en riant, que ce lit
ait une vertu soporifique, puisqu'un homme, qui
devait plus qu'il n'avait, dormait dessus fort
tranquillement. Ce lit sera excellent pour moi,
qui ne puis dormir.

1 2 2 3 3 3 4 4 5 5 6 – – 7 8 9 9 0

A A B B C D E
F G H I J K L M N
N O P Q R S T
U V X Y Z

D......  B......

La paresse toute languissante

qu'elle est ne laisse pas souvent d'en être
la maîtresse; elle usurpe sur toutes les
actions de la Vie, elle y détruit et y
consume insensiblement Les passions
et les Vertus. De tous les défauts
celui dont nous demeurons le plus aisément
d'accord, c'est de la paresse, nous nous
persuadons qu'elle tient à toutes les vertus

A A B B C D D E E F F
G H I J L L M N O P P Q R R
R S T T V U V X Y Z

Guillaume Montfort

PELICIER Sculpt.

Nous ne pouvons rien aimer que par rapport à nous, et nous ne faisons que suivre notre goût & notre plaisir quand nous préférons nos amis à nous mêmes, c'est néanmoins par cette préférence seule que l'amitié peut être vraie & parfaite. Nous nous persuadons souvent d'aimer les gens plus puissans que nous, cependant c'est l'intérêt seule qui produit notre amitié.

Bourgeois

Poisson Sculp.

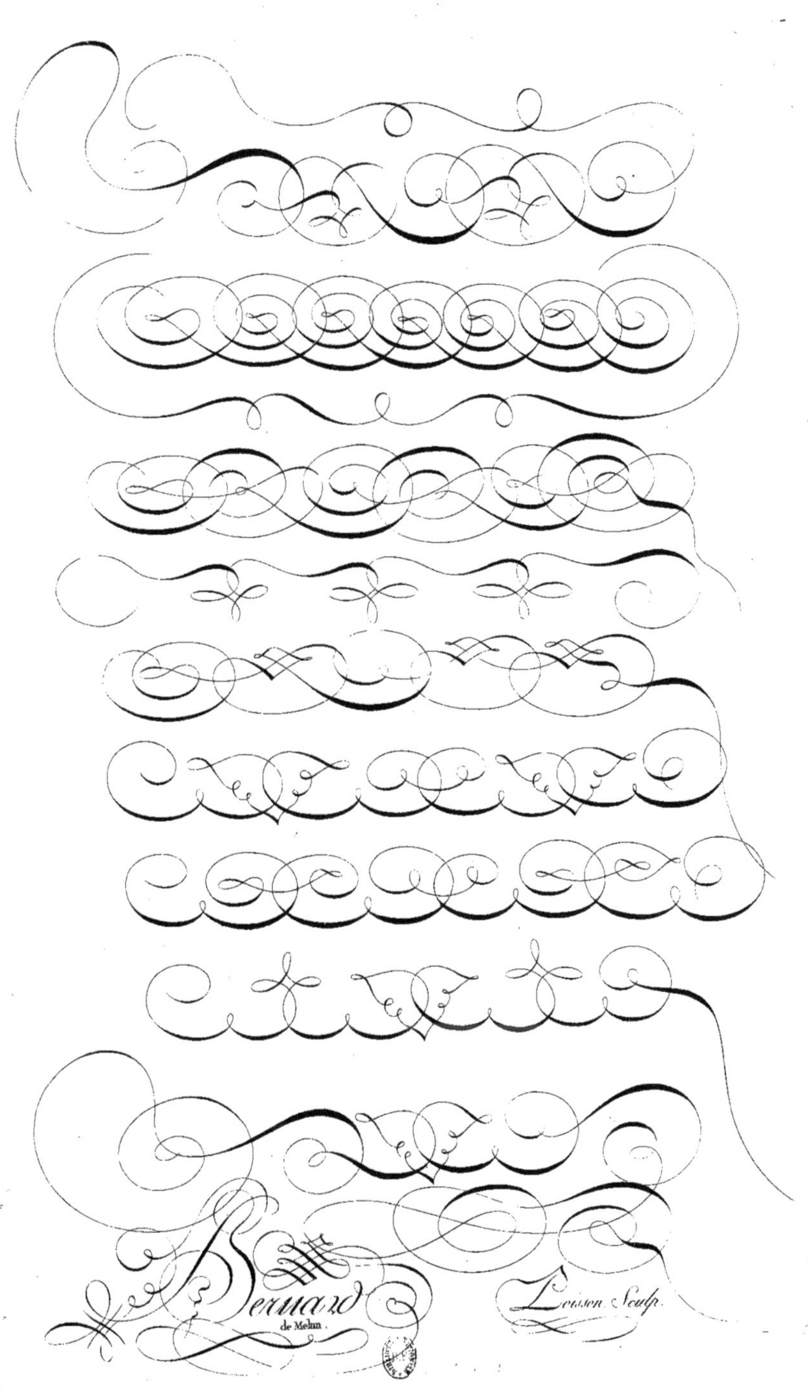
Bernard
de Melun.
Poisson Sculp.

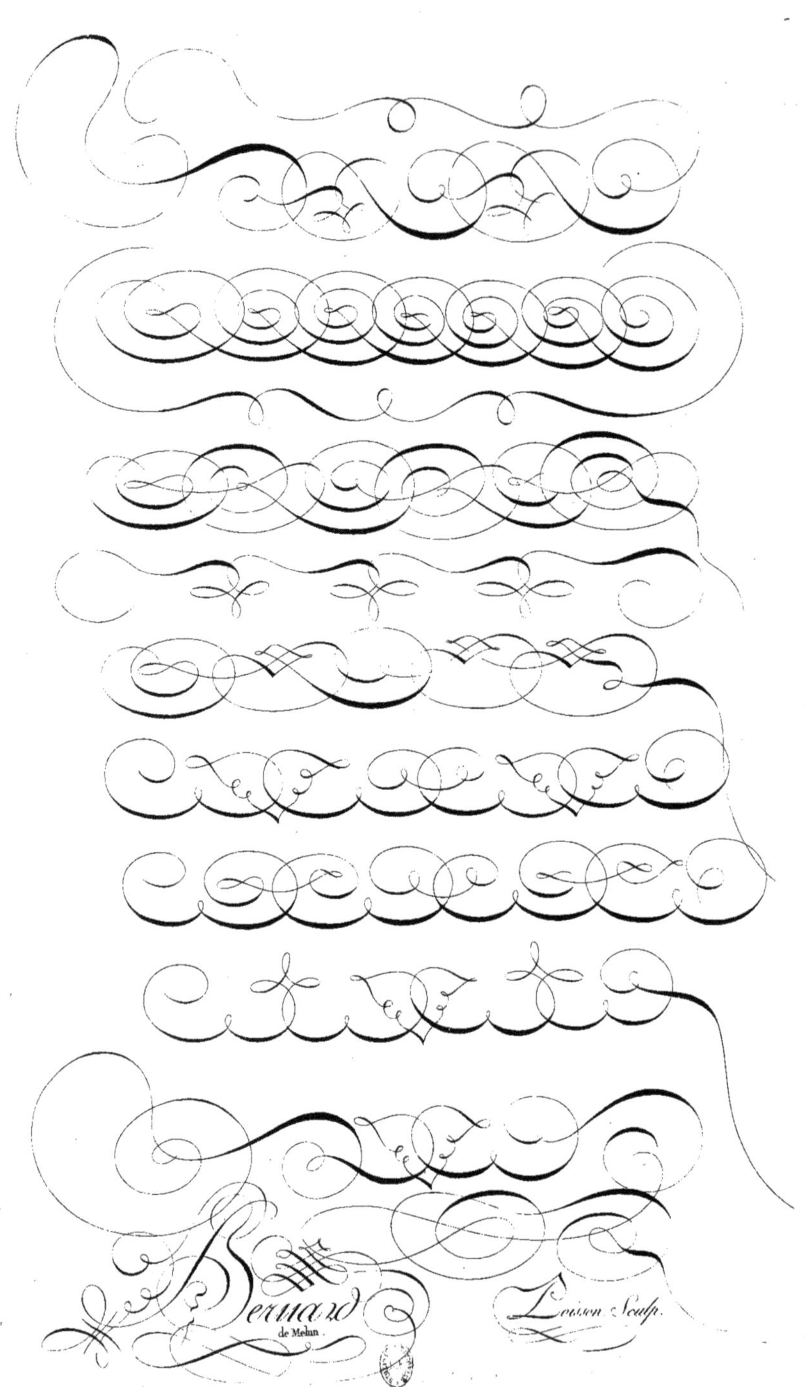
Bernard
de Melun.
Loisson Sculp.

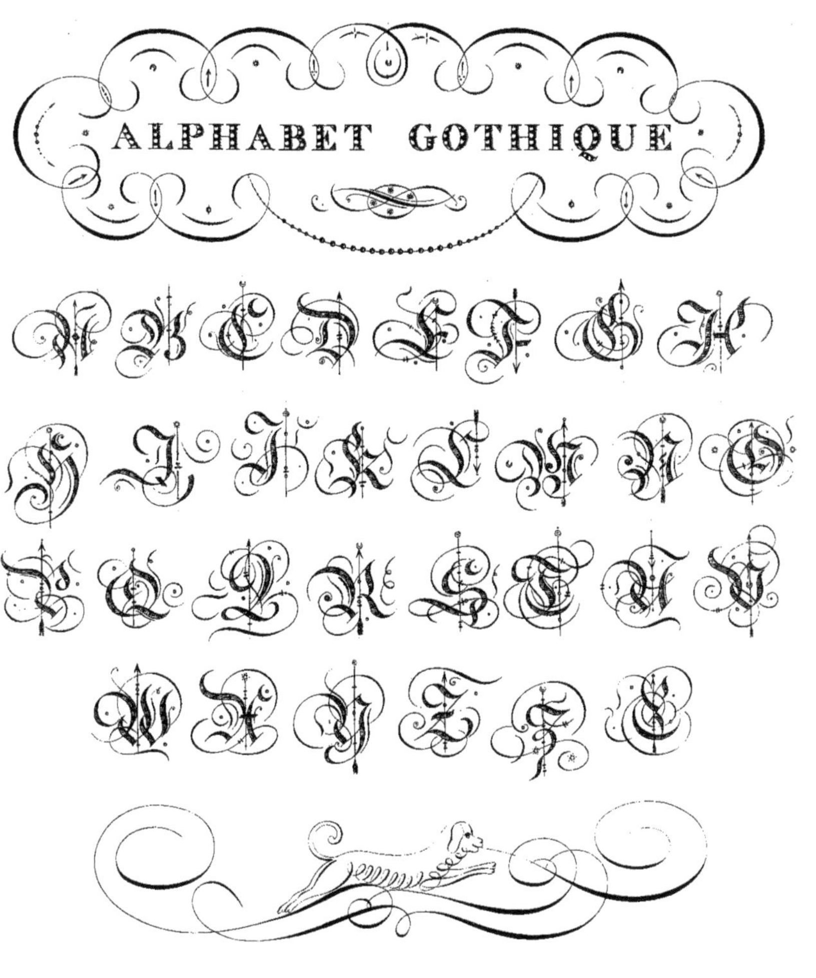


a b c d e f g h i j k l m n o

p q r ſ s t u v x y z &

LEFRANÇOIS
Del. et Sculpt.

# Alphabets

## Majeures et Mineures

A B C D E F G H I J K L

M N O P Q R S T U V

X Y Z &c.

A a b c d e f g h i j k l m n o

p q r s ſ s t u v w x y z y &c.

1 2 3 4 5 6 7 8 9 0, 1 5 4 9 3 6 2 7 7 5 2 0 3 9.

S........ Pelicier Sculp.

Dénombrement en —

Exclusivement lois —

Populairement des —

Immobilité volontés —

Obligatoirement que —

Recommandations —

Bénévolement agir. —

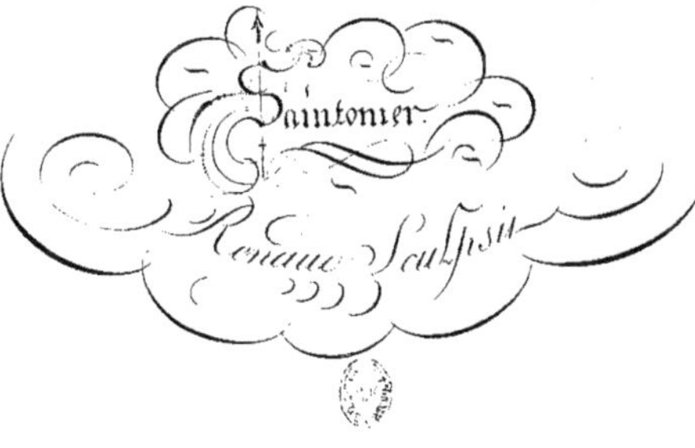

Nous Bonaventure Louis et
Hommolkof Ambassadeur
de son Altesse Electorale
Monseigneur Le Prince
Guillaume frédéric Joseph
De Bavière Avons
Délivré à Joseph Kovert
Ses Passeports

Poisson. Sculp

S.....

A B C D E F G H I J K L M N

N O P Q R S T V U W X Y Z

a b c d e f ff g h i j k l ll m n o p q r s ſ s t u v w x y z &c.

According to your pains will be your gains

Bounty becometh princes & men of honour

Consider not so much who speaks, as what

a A B C D E F G H J I K L M M

N N O P P Q R S T V U W X Y Z

A a a b b c d e f ff g h i j k l l m n o p p q r s ſ s t u v w x y y z & &

Avarice and Ambition are Restless and unsatiable

Brave actions & excellent Workmanship imitate

Contentment & Patience evermore are Conquerors. C

S........



Pelicier Sculpsit

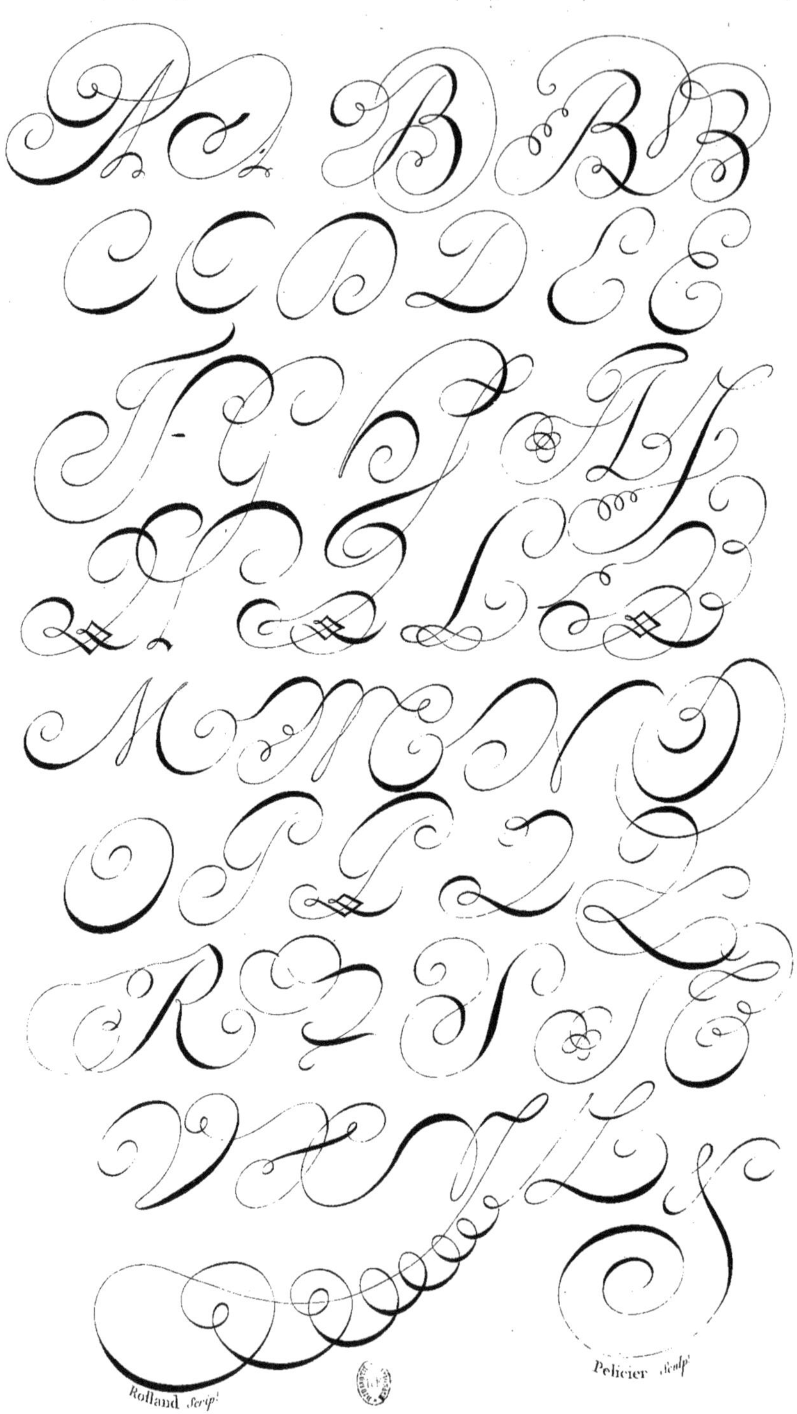
Rolland Scrip.t
Pelicier Sculp.t

www.ingramcontent.com/pod-product-compliance
Ingram Content Group UK Ltd.
Pitfield, Milton Keynes, MK11 3LW, UK
UKHW021035180726
13838UKWH00004B/1814